APR - - 2002

François David   Marc Solal

La tête dans les nuages

PETAWAWA PUBLIC LIBRARY

D1412168

Mijade

Regarde bien ce nuage :
il ressemble à un visage,
ton visage,
mon visage.
Il a une tête de toi,
une tête de moi,
quand on a la tête dans les nuages.

Un nuage féroce,
un nuage qui a trop de force,
un nuage qui poursuit
les autres nuages,
puis les rattrape
et les avale ;
un nuage requin
aux ailerons
comme des ailes
pour voguer plus vite
dans le ciel.

Que tu es beau
mon petit lapin :
tu lèves ton museau
et ta petite patte
pour chercher une carotte
à l'orange bien tendre
dans le grand pré bleu.

Un nuage
avec ses gants de boxe.
On dirait qu'il grogne
ou qu'il est en rogne.
On dirait qu'il cogne
contre le soleil.

Si tu vois un bel oiseau blanc
barboter dans le ciel bleu
bien propre et dressant haut son cou,
tu as de la chance :
c'est un bon cygne.

Un nuage aux courtes cornes.
Un nuage blanc
rempli de lait.
Un nuage qui attend, impatient,
de rentrer à l'étable.
Un nuage
dans le ciel qui crie «Meuh».
Un nuage
et peut-être derrière
d'autres petits nuages
comme des bouses de vache.

Dans le ciel,
la nuit,
il y a la grande ourse
et la petite ourse,
et le jour,
il y a le petit nounours
qui les cherche
dans le grand ciel.

A la météo, ils ont dit :
«Aujourd'hui,
le ciel sera couvert
et moutonneux».
Ils avaient raison
puisqu'on voit des moutons
qui broutent à l'horizon.

Un petit poisson nage, nage
dans l'eau du ciel.
Aujourd'hui il n'y a pas de tempête,
pas le moindre orage,
juste un petit nuage
qui nage.

C'est un amour de nuage :
tu crois qu'il bouge,
mais non,
c'est seulement son cœur,
son cœur qui bat,
son cœur tout rouge,
son cœur tout blanc,
son grand cœur
de nuage amoureux
tout au cœur
du ciel bleu.

Cet oiseau
dans le ciel
est-ce une mouette ?
Est-ce un goéland ?
Ou une colombe
si blanche,
si blanche
qu'elle en ressemble
à un nuage ?

La chèvre de Mr Seguin
n'a pas été croquée
finalement.
Elle s'est envolée
au tout dernier moment
et le loup n'a pas pu l'attraper.
Mais elle a eu peur,
si peur
qu'elle n'est plus jamais redescendue.
La voyez-vous, Blanquette,
avec sa barbichette,
qui regarde le loup
de là-haut ?

- Qu'est-ce que tu fais ?
Tu rêves ?
Tu es encore dans les nuages ?
- Mais non, maman,
ce n'est pas moi :
c'est le nuage
qui rêve
et qui se prend
pour un canard !

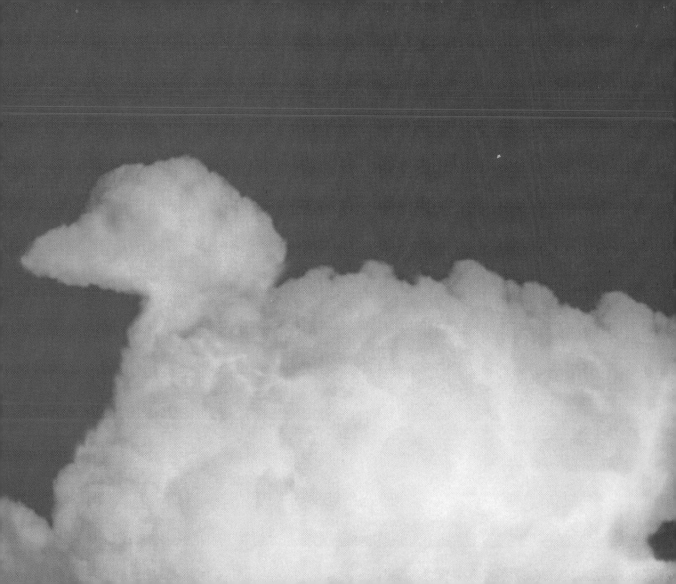

Bonhomme de neige,
à la fin de l'hiver,
a quitté la terre
et s'est réfugié
dans les airs
où il fait froid
comme dans une glacière.
Redescends, n'oublie pas,
dès la fin de l'automne,
pour la belle saison des batailles
de boules de neige,
bonhomme de l'air !

Les poissons ont faim,
faim,
si faim
qu'ils en dévoreraient
le mot
fin